Beer Tasting
Journal

Beer name:

Beer Style:

Brewer

Date brewed:

Color:

| Straw > | Pale > | Gold > | Amber > | Copper > | Light Brown > | Red/Br own > | Dark Brown > | Black |

Clarity:

Brilliant   Slightly Hazy   Opaque

O   O   O   O   O

Clear   Hazy

Notes about appearance:

_____

_____

_____

_____

Hops Aroma

Intensity:

Faint

O   O   O   O

Strong

Balance:

Sweet

O   O   O   O

Sharp

Malt Aroma

Intensity:

Faint

O   O   O   O

Strong

Balance:

Sweet

O   O   O   O

Sharp

Hops Flavor

Intensity:
Faint

○   ○   ○   ○

                 Strong

Balance:
Sweet

○   ○   ○   ○

                 Sharp

Malt Flavor

Intensity:
Faint

○   ○   ○   ○

                 Strong

Balance:
Sweet

○   ○   ○   ○

                 Sharp

Mouthfeel/Body

Body:
Light

○   ○   ○   ○

                 Full

Mouthfeel:
Dry

○   ○   ○   ○

                 Juicy

Alcohol:
None   Harsh

○   ○   ○   ○

                 Hot

Carbonated:
Still

○   ○   ○   ○

                 Over carb.

Notes about flavor:

_____

_____

_____

_____

_____

Overall impression:

Bad

○   ○   ○   ○   ○   ○

                              Perfect

Beer name:

Beer Style:

Brewer

Date brewed:

Color:

Straw > Pale > Gold > Amber > Copper > Light Brown > Red/Br own > Dark Brown > Black

Clarity:

Brilliant   Slightly Hazy   Opaque

○   ○   ○   ○   ○

Clear   Hazy

Notes about appearance:

_____
_____
_____
_____

<u>Hops Aroma</u>

Intensity:
Faint

○   ○   ○   ○

         Strong

Balance:
Sweet

○   ○   ○   ○

         Sharp

<u>Malt Aroma</u>

Intensity:
Faint

○   ○   ○   ○

         Strong

Balance:
Sweet

○   ○   ○   ○

         Sharp

Hops Flavor

Intensity:
Faint

○   ○   ○   ○

          Strong

Balance:
Sweet

○   ○   ○   ○

          Sharp

Malt Flavor

Intensity:
Faint

○   ○   ○   ○

          Strong

Balance:
Sweet

○   ○   ○   ○

          Sharp

Mouthfeel/Body

Body:
Light

○   ○   ○   ○

          Full

Mouthfeel:
Dry

○   ○   ○   ○

          Juicy

Alcohol:
None   Harsh

○   ○   ○   ○

          Hot

Carbonated:
Still

○   ○   ○   ○

          Over
carb.

Notes about flavor:

_____
_____
_____
_____
_____

Overall impression:

Bad

○   ○   ○   ○   ○   ○

          Perfect

Beer name:

Beer Style:

Brewer

Date brewed:

Color:

| Straw | Pale | Gold | Amber | Copper | Light Brown | Red/Br own | Dark Brown | Black |

Clarity:

Brilliant   Slightly Hazy   Opaque

O   O   O   O   O

Clear   Hazy

Notes about appearance:

_____

_____

_____

_____

Hops Aroma

Intensity:

Faint

O   O   O   O

Strong

Balance:

Sweet

O   O   O   O

Sharp

Malt Aroma

Intensity:

Faint

O   O   O   O

Strong

Balance:

Sweet

O   O   O   O

Sharp

Hops Flavor

Intensity:
Faint

○   ○   ○   ○

                   Strong

Balance:
Sweet

○   ○   ○   ○

                   Sharp

Malt Flavor

Intensity:
Faint

○   ○   ○   ○

                   Strong

Balance:
Sweet

○   ○   ○   ○

                   Sharp

Mouthfeel/Body

Body:
Light

○   ○   ○   ○

                   Full

Mouthfeel:
Dry

○   ○   ○   ○

                   Juicy

Alcohol:
None   Harsh

○   ○   ○   ○

                   Hot

Carbonated:
Still

○   ○   ○   ○

                   Over
                   carb.

Notes about flavor:

_____

_____

_____

_____

_____

Overall impression:

Bad

○   ○   ○   ○   ○   ○

                   Perfect

Beer name:

Beer Style:

Brewer

Date brewed:

Color:

| Straw > | Pale > | Gold > | Amber > | Copper > | Light Brown > | Red/Br own > | Dark Brown > | Black > |

Clarity:

Brilliant   Slightly Hazy   Opaque

○   ○   ○   ○   ○

Clear   Hazy

Notes about appearance:

_____
_____
_____
_____

Hops Aroma

Intensity:
Faint

○   ○   ○   ○

Strong

Balance:
Sweet

○   ○   ○   ○

Sharp

Malt Aroma

Intensity:
Faint

○   ○   ○   ○

Strong

Balance:
Sweet

○   ○   ○   ○

Sharp

Hops Flavor

Intensity:
Faint

○   ○   ○   ○

                         Strong

Balance:
Sweet

○   ○   ○   ○

                         Sharp

Malt Flavor

Intensity:
Faint

○   ○   ○   ○

                         Strong

Balance:
Sweet

○   ○   ○   ○

                         Sharp

Mouthfeel/Body

Body:
Light

○   ○   ○   ○

                         Full

Mouthfeel:
Dry

○   ○   ○   ○

                         Juicy

Alcohol:
None   Harsh

○   ○   ○   ○

                         Hot

Carbonated:
Still

○   ○   ○   ○

                         Over carb.

Notes about flavor:

_____
_____
_____
_____
_____

Overall impression:

Bad

○   ○   ○   ○   ○   ○

                                             Perfect

Beer name:

Beer Style:

Brewer

Date brewed:

Color:

| Straw > Pale > Gold > Amber > Copper > Light Brown > Red/Brown > Dark Brown > Black |

Clarity:

Brilliant   Slightly Hazy   Opaque

○   ○   ○   ○   ○

Clear   Hazy

Notes about appearance:

_____

_____

_____

_____

Hops Aroma

Intensity:

Faint

○   ○   ○   ○

Strong

Balance:

Sweet

○   ○   ○   ○

Sharp

Malt Aroma

Intensity:

Faint

○   ○   ○   ○

Strong

Balance:

Sweet

○   ○   ○   ○

Sharp

Hops Flavor

Intensity:
Faint

○   ○   ○   ○

Strong

Balance:
Sweet

○   ○   ○   ○

Sharp

Malt Flavor

Intensity:
Faint

○   ○   ○   ○

Strong

Balance:
Sweet

○   ○   ○   ○

Sharp

Mouthfeel/Body

Body:
Light

○   ○   ○   ○

Full

Mouthfeel:
Dry

○   ○   ○   ○

Juicy

Alcohol:
None   Harsh

○   ○   ○   ○

Hot

Carbonated:
Still

○   ○   ○   ○

Over carb.

Notes about flavor:

_____
_____
_____
_____
_____

Overall impression:

Bad

○   ○   ○   ○   ○   ○

Perfect

Beer name:

Beer Style:

Brewer

Date brewed:

Color:

| Straw | Pale | Gold | Amber | Copper | Light Brown | Red/Brown | Dark Brown | Black |

Clarity:

Brilliant Slightly Hazy Opaque

O O O O O

Clear Hazy

Notes about appearance:

_____

_____

_____

_____

Hops Aroma

Intensity:

Faint

O O O O

Strong

Balance:

Sweet

O O O O

Sharp

Malt Aroma

Intensity:

Faint

O O O O

Strong

Balance:

Sweet

O O O O

Sharp

Hops Flavor

Intensity:
Faint

○   ○   ○   ○

Strong

Balance:
Sweet

○   ○   ○   ○

Sharp

Malt Flavor

Intensity:
Faint

○   ○   ○   ○

Strong

Balance:
Sweet

○   ○   ○   ○

Sharp

Mouthfeel/Body

Body:
Light

○   ○   ○   ○

Full

Mouthfeel:
Dry

○   ○   ○   ○

Juicy

Alcohol:
None   Harsh

○   ○   ○   ○

Hot

Carbonated:
Still

○   ○   ○   ○

Over carb.

Notes about flavor:

_____

_____

_____

_____

_____

Overall impression:

Bad

○   ○   ○   ○   ○   ○

Perfect

Beer name:

Beer Style:

Brewer

Date brewed:

Color:

| Straw | Pale | Gold | Amber | Copper | Light Brown | Red/Br own | Dark Brown | Black |

Clarity:

Brilliant   Slightly Hazy   Opaque

○   ○   ○   ○   ○

Clear   Hazy

Notes about appearance:

_____

_____

_____

_____

Hops Aroma

Intensity:
Faint

○   ○   ○   ○

Strong

Balance:
Sweet

○   ○   ○   ○

Sharp

Malt Aroma

Intensity:
Faint

○   ○   ○   ○

Strong

Balance:
Sweet

○   ○   ○   ○

Sharp

Hops Flavor

Intensity:
Faint

○   ○   ○   ○

Strong

Balance:
Sweet

○   ○   ○   ○

Sharp

Malt Flavor

Intensity:
Faint

○   ○   ○   ○

Strong

Balance:
Sweet

○   ○   ○   ○

Sharp

Mouthfeel/Body

Body:
Light

○   ○   ○   ○

Full

Mouthfeel:
Dry

○   ○   ○   ○

Juicy

Alcohol:
None   Harsh

○   ○   ○   ○

Hot

Carbonated:
Still

○   ○   ○   ○

Over carb.

Notes about flavor:

_____

_____

_____

_____

_____

Overall impression:

Bad

○   ○   ○   ○   ○   ○

Perfect

Beer name:

Beer Style:

Brewer

Date brewed:

Color:

Straw > Pale > Gold > Amber > Copper > Light Brown > Red/Br own > Dark Brown > Black

Clarity:

Brilliant — Slightly Hazy — Opaque

○   ○   ○   ○   ○

Clear   Hazy

Notes about appearance:

_____

_____

_____

_____

Hops Aroma

Intensity:
Faint

○   ○   ○   ○

Strong

Balance:
Sweet

○   ○   ○   ○

Sharp

Malt Aroma

Intensity:
Faint

○   ○   ○   ○

Strong

Balance:
Sweet

○   ○   ○   ○

Sharp

Hops Flavor

Intensity:
Faint

O   O   O   O

            Strong

Balance:
Sweet

O   O   O   O

            Sharp

Malt Flavor

Intensity:
Faint

O   O   O   O

            Strong

Balance:
Sweet

O   O   O   O

            Sharp

Mouthfeel/Body

Body:
Light

O   O   O   O

            Full

Mouthfeel:
Dry

O   O   O   O

            Juicy

Alcohol:
None   Harsh

O   O   O   O

            Hot

Carbonated:
Still

O   O   O   O

            Over
carb.

Notes about flavor:

_____

_____

_____

_____

_____

Overall impression:

Bad

O   O   O   O   O   O

            Perfect

Beer name:

Beer Style:

Brewer

Date brewed:

Color:

| Straw | Pale | Gold | Amber | Copper | Light Brown | Red/Brown | Dark Brown | Black |

Clarity:

Brilliant ○   ○ Clear   ○ Slightly Hazy   ○ Hazy   ○ Opaque

Notes about appearance:

_____

_____

_____

_____

Hops Aroma

Intensity:
Faint
○   ○   ○   ○
Strong

Balance:
Sweet
○   ○   ○   ○
Sharp

Malt Aroma

Intensity:
Faint
○   ○   ○   ○
Strong

Balance:
Sweet
○   ○   ○   ○
Sharp

Hops Flavor

Intensity:
Faint

○   ○   ○   ○

Strong

Balance:
Sweet

○   ○   ○   ○

Sharp

Malt Flavor

Intensity:
Faint

○   ○   ○   ○

Strong

Balance:
Sweet

○   ○   ○   ○

Sharp

Mouthfeel/Body

Body:
Light

○   ○   ○   ○

Full

Mouthfeel:
Dry

○   ○   ○   ○

Juicy

Alcohol:
None   Harsh

○   ○   ○   ○

Hot

Carbonated:
Still

○   ○   ○   ○

Over carb.

Notes about flavor:

_____
_____
_____
_____
_____

Overall impression:

Bad

○   ○   ○   ○   ○   ○

Perfect

Beer name:

Beer Style:

Brewer

Date brewed:

Color:

| Straw > Pale > Gold > Amber > Copper > Light Brown > Red/Brown > Dark Brown > Black |

Clarity:

Brilliant   Slightly Hazy   Opaque

○   ○   ○   ○   ○

Clear   Hazy

Notes about appearance:

_____

_____

_____

_____

Hops Aroma

Intensity: Balance:

Faint   Sweet

○   ○   ○   ○   ○   ○   ○   ○

          Strong   Sharp

Malt Aroma

Intensity: Balance:

Faint   Sweet

○   ○   ○   ○   ○   ○   ○   ○

          Strong   Sharp

Hops Flavor

Intensity:
Faint

○   ○   ○   ○

Strong

Balance:
Sweet

○   ○   ○   ○

Sharp

Malt Flavor

Intensity:
Faint

○   ○   ○   ○

Strong

Balance:
Sweet

○   ○   ○   ○

Sharp

Mouthfeel/Body

Body:
Light

○   ○   ○   ○

Full

Mouthfeel:
Dry

○   ○   ○   ○

Juicy

Alcohol:
None   Harsh

○   ○   ○   ○

Hot

Carbonated:
Still

○   ○   ○   ○

Over carb.

Notes about flavor:

_____

_____

_____

_____

_____

Overall impression:

Bad

○   ○   ○   ○   ○   ○

Perfect

Beer name:

Beer Style:

Brewer

Date brewed:

Color:

| Straw | Pale | Gold | Amber | Copper | Light Brown | Red/Brown | Dark Brown | Black |

Clarity:

Brilliant | Slightly Hazy | | Opaque

O | O | O | O | O

Clear | | Hazy

Notes about appearance:

_____

_____

_____

_____

Hops Aroma

Intensity:
Faint

O O O O

Strong

Balance:
Sweet

O O O O

Sharp

Malt Aroma

Intensity:
Faint

O O O O

Strong

Balance:
Sweet

O O O O

Sharp

Hops Flavor

Intensity:
Faint

○   ○   ○   ○

Strong

Balance:
Sweet

○   ○   ○   ○

Sharp

Malt Flavor

Intensity:
Faint

○   ○   ○   ○

Strong

Balance:
Sweet

○   ○   ○   ○

Sharp

Mouthfeel/Body

Body:
Light

○   ○   ○   ○

Full

Mouthfeel:
Dry

○   ○   ○   ○

Juicy

Alcohol:
None   Harsh

○   ○   ○   ○

Hot

Carbonated:
Still

○   ○   ○   ○

Over carb.

Notes about flavor:

_____
_____
_____
_____
_____
_____

Overall impression:

Bad

○   ○   ○   ○   ○   ○

Perfect

Beer name:

Beer Style:

Brewer

Date brewed:

Color:

| Straw | Pale | Gold | Amber | Copper | Light Brown | Red/Brown | Dark Brown | Black |

Clarity:

Brilliant   Slightly Hazy   Opaque

O   O   O   O   O

Clear   Hazy

Notes about appearance:

_____
_____
_____
_____

Hops Aroma

Intensity:
Faint

O   O   O   O

Strong

Balance:
Sweet

O   O   O   O

Sharp

Malt Aroma

Intensity:
Faint

O   O   O   O

Strong

Balance:
Sweet

O   O   O   O

Sharp

Hops Flavor

Intensity:
Faint

○   ○   ○   ○

Strong

Balance:
Sweet

○   ○   ○   ○

Sharp

Malt Flavor

Intensity:
Faint

○   ○   ○   ○

Strong

Balance:
Sweet

○   ○   ○   ○

Sharp

Mouthfeel/Body

Body:
Light

○   ○   ○   ○

Full

Mouthfeel:
Dry

○   ○   ○   ○

Juicy

Alcohol:
None   Harsh

○   ○   ○   ○

Hot

Carbonated:
Still

○   ○   ○   ○

Over carb.

Notes about flavor:

_____
_____
_____
_____
_____

Overall impression:

Bad

○   ○   ○   ○   ○   ○

Perfect

Beer name:
_____

Beer Style:
_____

Brewer
_____

Date brewed:
_____

Color:

| Straw > Pale > Gold > Amber > Copper > Light Brown > Red/Brown > Dark Brown > Black |

Clarity:

Brilliant   Slightly Hazy   Opaque

O   O   O   O   O

Clear   Hazy

Notes about appearance:
_____
_____
_____
_____

Hops Aroma

Intensity:
Faint

O   O   O   O

Strong

Balance:
Sweet

O   O   O   O

Sharp

Malt Aroma

Intensity:
Faint

O   O   O   O

Strong

Balance:
Sweet

O   O   O   O

Sharp

Hops Flavor

Intensity:
Faint

O   O   O   O

Strong

Balance:
Sweet

O   O   O   O

Sharp

Malt Flavor

Intensity:
Faint

O   O   O   O

Strong

Balance:
Sweet

O   O   O   O

Sharp

Mouthfeel/Body

Body:
Light

O   O   O   O

Full

Mouthfeel:
Dry

O   O   O   O

Juicy

Alcohol:
None   Harsh

O   O   O   O

Hot

Carbonated:
Still

O   O   O   O

Over carb.

Notes about flavor:

_____
_____
_____
_____
_____

Overall impression:

Bad

O   O   O   O   O   O

Perfect

Beer name:

Beer Style:

Brewer

Date brewed:

Color:

| Straw > | Pale > | Gold > | Amber > | Copper > | Light Brown > | Red/Brown > | Dark Brown > | Black > |

Clarity:

Brilliant   Slightly Hazy   Opaque

○   ○   ○   ○   ○

Clear   Hazy

Notes about appearance:

_____

_____

_____

_____

Hops Aroma

Intensity:

Faint

○   ○   ○   ○

Strong

Balance:

Sweet

○   ○   ○   ○

Sharp

Malt Aroma

Intensity:

Faint

○   ○   ○   ○

Strong

Balance:

Sweet

○   ○   ○   ○

Sharp

Hops Flavor

Intensity:
Faint

○   ○   ○   ○

Strong

Balance:
Sweet

○   ○   ○   ○

Sharp

Malt Flavor

Intensity:
Faint

○   ○   ○   ○

Strong

Balance:
Sweet

○   ○   ○   ○

Sharp

Mouthfeel/Body

Body:
Light

○   ○   ○   ○

Full

Mouthfeel:
Dry

○   ○   ○   ○

Juicy

Alcohol:
None   Harsh

○   ○   ○   ○

Hot

Carbonated:
Still

○   ○   ○   ○

Over carb.

Notes about flavor:

_____

_____

_____

_____

_____

Overall impression:

Bad

○   ○   ○   ○   ○   ○

Perfect

Beer name:

Beer Style:

Brewer

Date brewed:

Color:

| Straw | Pale | Gold | Amber | Copper | Light Brown | Red/Brown | Dark Brown | Black |

Clarity:

Brilliant · Clear · Slightly Hazy · Hazy · Opaque

Notes about appearance:

_____

_____

_____

_____

Hops Aroma

Intensity:

Faint — Strong

Balance:

Sweet — Sharp

Malt Aroma

Intensity:

Faint — Strong

Balance:

Sweet — Sharp

Hops Flavor

Intensity:
Faint

O   O   O   O

Strong

Balance:
Sweet

O   O   O   O

Sharp

Malt Flavor

Intensity:
Faint

O   O   O   O

Strong

Balance:
Sweet

O   O   O   O

Sharp

Mouthfeel/Body

Body:
Light

O   O   O   O

Full

Mouthfeel:
Dry

O   O   O   O

Juicy

Alcohol:
None   Harsh

O   O   O   O

Hot

Carbonated:
Still

O   O   O   O

Over carb.

Notes about flavor:

_____

_____

_____

_____

_____

Overall impression:

Bad

O   O   O   O   O   O

Perfect

Beer name:

Beer Style:

Brewer

Date brewed:

Color:

| Straw > | Pale > | Gold > | Amber > | Copper > | Light Brown > | Red/Br own > | Dark Brown > | Black |

Clarity:

Brilliant   Slightly Hazy   Opaque

O   O   O   O   O

Clear   Hazy

Notes about appearance:

_____
_____
_____
_____

Hops Aroma

Intensity:
Faint

O   O   O   O

Strong

Balance:
Sweet

O   O   O   O

Sharp

Malt Aroma

Intensity:
Faint

O   O   O   O

Strong

Balance:
Sweet

O   O   O   O

Sharp

Hops Flavor

Intensity:
Faint

○   ○   ○   ○

Strong

Balance:
Sweet

○   ○   ○   ○

Sharp

Malt Flavor

Intensity:
Faint

○   ○   ○   ○

Strong

Balance:
Sweet

○   ○   ○   ○

Sharp

Mouthfeel/Body

Body:
Light

○   ○   ○   ○

Full

Mouthfeel:
Dry

○   ○   ○   ○

Juicy

Alcohol:
None   Harsh

○   ○   ○   ○

Hot

Carbonated:
Still

○   ○   ○   ○

Over carb.

Notes about flavor:

_____
_____
_____
_____
_____

Overall impression:

Bad

○   ○   ○   ○   ○   ○

Perfect

Beer name:

Beer Style:

Brewer

Date brewed:

Color:

| Straw > Pale > Gold > Amber > Copper > Light Brown > Red/Brown > Dark Brown > Black |

Clarity:

Brilliant   Slightly Hazy   Opaque

O   O   O   O   O

Clear   Hazy

Notes about appearance:

_____

_____

_____

_____

Hops Aroma

Intensity:
Faint

O   O   O   O

Strong

Balance:
Sweet

O   O   O   O

Sharp

Malt Aroma

Intensity:
Faint

O   O   O   O

Strong

Balance:
Sweet

O   O   O   O

Sharp

Hops Flavor

Intensity:
Faint

○   ○   ○   ○

                  Strong

Balance:
Sweet

○   ○   ○   ○

                  Sharp

Malt Flavor

Intensity:
Faint

○   ○   ○   ○

                  Strong

Balance:
Sweet

○   ○   ○   ○

                  Sharp

Mouthfeel/Body

Body:
Light

○   ○   ○   ○

                  Full

Mouthfeel:
Dry

○   ○   ○   ○

                  Juicy

Alcohol:
None   Harsh

○   ○   ○   ○

                  Hot

Carbonated:
Still

○   ○   ○   ○

                  Over
carb.

Notes about flavor:

_____

_____

_____

_____

_____

Overall impression:

Bad

○   ○   ○   ○   ○   ○

                                    Perfect

Beer name:

Beer Style:

Brewer

Date brewed:

Color:

| Straw | Pale | Gold | Amber | Copper | Light Brown | Red/Br own | Dark Brown | Black |

Clarity:

Brilliant   Slightly Hazy   Opaque

○   ○   ○   ○   ○

Clear   Hazy

Notes about appearance:

_____
_____
_____
_____

Hops Aroma

Intensity:
Faint

○   ○   ○   ○

Strong

Balance:
Sweet

○   ○   ○   ○

Sharp

Malt Aroma

Intensity:
Faint

○   ○   ○   ○

Strong

Balance:
Sweet

○   ○   ○   ○

Sharp

Hops Flavor

Intensity:
Faint

○   ○   ○   ○

Strong

Balance:
Sweet

○   ○   ○   ○

Sharp

Malt Flavor

Intensity:
Faint

○   ○   ○   ○

Strong

Balance:
Sweet

○   ○   ○   ○

Sharp

Mouthfeel/Body

Body:
Light

○   ○   ○   ○

Full

Mouthfeel:
Dry

○   ○   ○   ○

Juicy

Alcohol:
None   Harsh

○   ○   ○   ○

Hot

Carbonated:
Still

○   ○   ○   ○

Over carb.

Notes about flavor:

_____
_____
_____
_____
_____

Overall impression:

Bad

○   ○   ○   ○   ○   ○

Perfect

Beer name:

Beer Style:

Brewer

Date brewed:

Color:

| Straw | Pale | Gold | Amber | Copper | Light Brown | Red/Brown | Dark Brown | Black |

Clarity:

Brilliant   Slightly Hazy   Opaque

○   ○   ○   ○   ○

Clear   Hazy

Notes about appearance:

_____
_____
_____
_____

Hops Aroma

Intensity:
Faint

○   ○   ○   ○

Strong

Balance:
Sweet

○   ○   ○   ○

Sharp

Malt Aroma

Intensity:
Faint

○   ○   ○   ○

Strong

Balance:
Sweet

○   ○   ○   ○

Sharp

Hops Flavor

Intensity:
Faint

○   ○   ○   ○

Strong

Balance:
Sweet

○   ○   ○   ○

Sharp

Malt Flavor

Intensity:
Faint

○   ○   ○   ○

Strong

Balance:
Sweet

○   ○   ○   ○

Sharp

Mouthfeel/Body

Body:
Light

○   ○   ○   ○

Full

Mouthfeel:
Dry

○   ○   ○   ○

Juicy

Alcohol:
None   Harsh

○   ○   ○   ○

Hot

Carbonated:
Still

○   ○   ○   ○

Over carb.

Notes about flavor:

_____

_____

_____

_____

_____

Overall impression:

Bad

○   ○   ○   ○   ○   ○

Perfect

Beer name:

Beer Style:

Brewer

Date brewed:

Color:

| Straw > | Pale > | Gold > | Amber > | Copper > | Light Brown > | Red/Br own > | Dark Brown > | Black |

Clarity:

Brilliant

Slightly
Hazy

Opaque

○   ○   ○   ○   ○

Clear

Hazy

Notes about appearance:

_____
_____
_____
_____

Hops Aroma

Intensity:
Faint

○   ○   ○   ○

Strong

Balance:
Sweet

○   ○   ○   ○

Sharp

Malt Aroma

Intensity:
Faint

○   ○   ○   ○

Strong

Balance:
Sweet

○   ○   ○   ○

Sharp

Hops Flavor

Intensity:
Faint

○   ○   ○   ○

Strong

Balance:
Sweet

○   ○   ○   ○

Sharp

Malt Flavor

Intensity:
Faint

○   ○   ○   ○

Strong

Balance:
Sweet

○   ○   ○   ○

Sharp

Mouthfeel/Body

Body:
Light

○   ○   ○   ○

Full

Mouthfeel:
Dry

○   ○   ○   ○

Juicy

Alcohol:
None   Harsh

○   ○   ○   ○

Hot

Carbonated:
Still

○   ○   ○   ○

Over carb.

Notes about flavor:

_____
_____
_____
_____
_____

Overall impression:

Bad

○   ○   ○   ○   ○   ○

Perfect

Beer name:

Beer Style:

Brewer

Date brewed:

Color:

| Straw | Pale | Gold | Amber | Copper | Light Brown | Red/Brown | Dark Brown | Black |

Clarity:

Brilliant | Slightly Hazy | Opaque

O   O   O   O   O

Clear   Hazy

Notes about appearance:

_____
_____
_____
_____

Hops Aroma

Intensity:
Faint

O   O   O   O

Strong

Balance:
Sweet

O   O   O   O

Sharp

Malt Aroma

Intensity:
Faint

O   O   O   O

Strong

Balance:
Sweet

O   O   O   O

Sharp

Hops Flavor

Intensity:
Faint

O   O   O   O

Strong

Balance:
Sweet

O   O   O   O

Sharp

Malt Flavor

Intensity:
Faint

O   O   O   O

Strong

Balance:
Sweet

O   O   O   O

Sharp

Mouthfeel/Body

Body:
Light

O   O   O   O

Full

Mouthfeel:
Dry

O   O   O   O

Juicy

Alcohol:
None   Harsh

O   O   O   O

Hot

Carbonated:
Still

O   O   O   O

Over carb.

Notes about flavor:

_____

_____

_____

_____

_____

Overall impression:

Bad

O   O   O   O   O   O

Perfect

Beer name:

Beer Style:

Brewer

Date brewed:

Color:

Straw > Pale > Gold > Amber > Copper > Light Brown > Red/Brown > Dark Brown > Black

Clarity:

Brilliant   Slightly Hazy   Opaque

○   ○   ○   ○   ○

Clear   Hazy

Notes about appearance:

_____
_____
_____
_____

Hops Aroma

Intensity:
Faint

○   ○   ○   ○

Strong

Balance:
Sweet

○   ○   ○   ○

Sharp

Malt Aroma

Intensity:
Faint

○   ○   ○   ○

Strong

Balance:
Sweet

○   ○   ○   ○

Sharp

Hops Flavor

Intensity:
Faint

○   ○   ○   ○

Strong

Balance:
Sweet

○   ○   ○   ○

Sharp

Malt Flavor

Intensity:
Faint

○   ○   ○   ○

Strong

Balance:
Sweet

○   ○   ○   ○

Sharp

Mouthfeel/Body

Body:
Light

○   ○   ○   ○

Full

Mouthfeel:
Dry

○   ○   ○   ○

Juicy

Alcohol:
None   Harsh

○   ○   ○   ○

Hot

Carbonated:
Still

○   ○   ○   ○

Over carb.

Notes about flavor:

_____
_____
_____
_____
_____

Overall impression:

Bad

○   ○   ○   ○   ○   ○

Perfect

Beer name:

Beer Style:

Brewer

Date brewed:

Color:

| Straw | Pale | Gold | Amber | Copper | Light Brown | Red/Brown | Dark Brown | Black |

Clarity:

Brilliant   Slightly
                 Hazy   Opaque

O   O   O   O   O

        Clear   Hazy

Notes about appearance:

_____
_____
_____
_____

Hops Aroma

Intensity:
Faint

O   O   O   O

                        Strong

Balance:
Sweet

O   O   O   O

                        Sharp

Malt Aroma

Intensity:
Faint

O   O   O   O

                        Strong

Balance:
Sweet

O   O   O   O

                        Sharp

Hops Flavor

Intensity:
Faint

○   ○   ○   ○

              Strong

Balance:
Sweet

○   ○   ○   ○

              Sharp

Malt Flavor

Intensity:
Faint

○   ○   ○   ○

              Strong

Balance:
Sweet

○   ○   ○   ○

              Sharp

Mouthfeel/Body

Body:
Light

○   ○   ○   ○

              Full

Mouthfeel:
Dry

○   ○   ○   ○

              Juicy

Alcohol:
None   Harsh

○   ○   ○   ○

              Hot

Carbonated:
Still

○   ○   ○   ○

              Over carb.

Notes about flavor:

_____
_____
_____
_____
_____

Overall impression:

Bad

○   ○   ○   ○   ○   ○

              Perfect

Beer name:

Beer Style:

Brewer

Date brewed:

Color:

| Straw | Pale | Gold | Amber | Copper | Light Brown | Red/Br own | Dark Brown | Black |

Clarity:

Brilliant   Slightly Hazy   Opaque

○   ○   ○   ○   ○

Clear   Hazy

Notes about appearance:

_____

_____

_____

_____

Hops Aroma

Intensity:
Faint

○   ○   ○   ○

Strong

Balance:
Sweet

○   ○   ○   ○

Sharp

Malt Aroma

Intensity:
Faint

○   ○   ○   ○

Strong

Balance:
Sweet

○   ○   ○   ○

Sharp

Hops Flavor

Intensity:
Faint

○　　　○　　　○　　　○
　　　　　　　　　　　Strong

Balance:
Sweet

○　　　○　　　○　　　○
　　　　　　　　　　　Sharp

Malt Flavor

Intensity:
Faint

○　　　○　　　○　　　○
　　　　　　　　　　　Strong

Balance:
Sweet

○　　　○　　　○　　　○
　　　　　　　　　　　Sharp

Mouthfeel/Body

Body:
Light

○　　　○　　　○　　　○
　　　　　　　　　　　Full

Mouthfeel:
Dry

○　　　○　　　○　　　○
　　　　　　　　　　　Juicy

Alcohol:
None　　　　Harsh

○　　　○　　　○　　　○
　　　　　　　　　　　Hot

Carbonated:
Still

○　　　○　　　○　　　○
　　　　　　　　　　　Over
　　　　　　　　　　　carb.

Notes about flavor:

_____
_____
_____
_____
_____

Overall impression:

Bad

○　　　○　　　○　　　○　　　○　　　○
　　　　　　　　　　　　　　　　　　Perfect

Beer name:

Beer Style:

Brewer

Date brewed:

Color:

| Straw | Pale | Gold | Amber | Copper | Light Brown | Red/Brown | Dark Brown | Black |

Clarity:

Brilliant		Slightly Hazy		Opaque
O	O	O	O	O
	Clear		Hazy	

Notes about appearance:

_____

_____

_____

_____

Hops Aroma

Intensity:
Faint

| O | O | O | O |
Strong

Balance:
Sweet

| O | O | O | O |
Sharp

Malt Aroma

Intensity:
Faint

| O | O | O | O |
Strong

Balance:
Sweet

| O | O | O | O |
Sharp

Hops Flavor

Intensity:
Faint

○   ○   ○   ○

Strong

Balance:
Sweet

○   ○   ○   ○

Sharp

Malt Flavor

Intensity:
Faint

○   ○   ○   ○

Strong

Balance:
Sweet

○   ○   ○   ○

Sharp

Mouthfeel/Body

Body:
Light

○   ○   ○   ○

Full

Mouthfeel:
Dry

○   ○   ○   ○

Juicy

Alcohol:
None   Harsh

○   ○   ○   ○

Hot

Carbonated:
Still

○   ○   ○   ○

Over
carb.

Notes about flavor:

_____

_____

_____

_____

_____

Overall impression:

Bad

○   ○   ○   ○   ○   ○

Perfect

Beer name:

Beer Style:

Brewer

Date brewed:

Color:

| Straw | Pale | Gold | Amber | Copper | Light Brown | Red/Brown | Dark Brown | Black |

Clarity:

Brilliant

Slightly Hazy

Opaque

○ ○ ○ ○ ○

Clear

Hazy

Notes about appearance:

_____
_____
_____
_____

Hops Aroma

Intensity:

Faint

○ ○ ○ ○

Strong

Balance:

Sweet

○ ○ ○ ○

Sharp

Malt Aroma

Intensity:

Faint

○ ○ ○ ○

Strong

Balance:

Sweet

○ ○ ○ ○

Sharp

Hops Flavor

Intensity:
Faint

○   ○   ○   ○
            Strong

Balance:
Sweet

○   ○   ○   ○
            Sharp

Malt Flavor

Intensity:
Faint

○   ○   ○   ○
            Strong

Balance:
Sweet

○   ○   ○   ○
            Sharp

Mouthfeel/Body

Body:
Light

○   ○   ○   ○
            Full

Mouthfeel:
Dry

○   ○   ○   ○
            Juicy

Alcohol:
None   Harsh

○   ○   ○   ○
            Hot

Carbonated:
Still

○   ○   ○   ○
            Over
            carb.

Notes about flavor:

_____
_____
_____
_____
_____

Overall impression:

Bad

○   ○   ○   ○   ○   ○

                                        Perfect

Beer name:

Beer Style:

Brewer

Date brewed:

Color:

Straw > Pale > Gold > Amber > Copper > Light Brown > Red/Brown > Dark Brown > Black

Clarity:

Brilliant   Slightly Hazy   Opaque

○   ○   ○   ○   ○

Clear   Hazy

Notes about appearance:

_____
_____
_____
_____

Hops Aroma

Intensity:
Faint

○ ○ ○ ○

Strong

Balance:
Sweet

○ ○ ○ ○

Sharp

Malt Aroma

Intensity:
Faint

○ ○ ○ ○

Strong

Balance:
Sweet

○ ○ ○ ○

Sharp

Hops Flavor

Intensity:
Faint

○　　　○　　　○　　　○

Strong

Balance:
Sweet

○　　　○　　　○　　　○

Sharp

Malt Flavor

Intensity:
Faint

○　　　○　　　○　　　○

Strong

Balance:
Sweet

○　　　○　　　○　　　○

Sharp

Mouthfeel/Body

Body:
Light

○　　　○　　　○　　　○

Full

Mouthfeel:
Dry

○　　　○　　　○　　　○

Juicy

Alcohol:
None　　　　　Harsh

○　　　○　　　○　　　○

Hot

Carbonated:
Still

○　　　○　　　○　　　○

Over
carb.

Notes about flavor:

_____

_____

_____

_____

_____

Overall impression:

Bad

○　　　　○　　　　○　　　　○　　　　○　　　　○

Perfect

Beer name:

Beer Style:

Brewer

Date brewed:

Color:

| Straw | Pale | Gold | Amber | Copper | Light Brown | Red/Brown | Dark Brown | Black |

Clarity:

Brilliant — Slightly Hazy — Opaque

○   ○   ○   ○   ○

Clear   Hazy

Notes about appearance:

_____

_____

_____

_____

Hops Aroma

Intensity: Balance:

Faint   Sweet

○   ○   ○   ○   ○   ○   ○   ○

Strong   Sharp

Malt Aroma

Intensity: Balance:

Faint   Sweet

○   ○   ○   ○   ○   ○   ○   ○

Strong   Sharp

Hops Flavor

Intensity:
Faint

○   ○   ○   ○

Strong

Balance:
Sweet

○   ○   ○   ○

Sharp

Malt Flavor

Intensity:
Faint

○   ○   ○   ○

Strong

Balance:
Sweet

○   ○   ○   ○

Sharp

Mouthfeel/Body

Body:
Light

○   ○   ○   ○

Full

Mouthfeel:
Dry

○   ○   ○   ○

Juicy

Alcohol:
None   Harsh

○   ○   ○   ○

Hot

Carbonated:
Still

○   ○   ○   ○

Over
carb.

Notes about flavor:

_____
_____
_____
_____
_____

Overall impression:

Bad

○   ○   ○   ○   ○   ○

Perfect

Beer name:

Beer Style:

Brewer

Date brewed:

Color:

| Straw > | Pale > | Gold > | Amber > | Copper > | Light Brown > | Red/Br own > | Dark Brown > | Black |

Clarity:

Brilliant   Slightly Hazy   Opaque

O   O   O   O   O

Clear   Hazy

Notes about appearance:

_____

_____

_____

_____

Hops Aroma

Intensity:

Faint

O   O   O   O

Strong

Balance:

Sweet

O   O   O   O

Sharp

Malt Aroma

Intensity:

Faint

O   O   O   O

Strong

Balance:

Sweet

O   O   O   O

Sharp

Hops Flavor

Intensity:
Faint

○   ○   ○   ○

Strong

Balance:
Sweet

○   ○   ○   ○

Sharp

Malt Flavor

Intensity:
Faint

○   ○   ○   ○

Strong

Balance:
Sweet

○   ○   ○   ○

Sharp

Mouthfeel/Body

Body:
Light

○   ○   ○   ○

Full

Mouthfeel:
Dry

○   ○   ○   ○

Juicy

Alcohol:
None   Harsh

○   ○   ○   ○

Hot

Carbonated:
Still

○   ○   ○   ○

Over carb.

Notes about flavor:

_____

_____

_____

_____

_____

Overall impression:

Bad

○   ○   ○   ○   ○   ○

Perfect

Beer name:

Beer Style:

Brewer

Date brewed:

Color:

| Straw | Pale | Gold | Amber | Copper | Light Brown | Red/Brown | Dark Brown | Black |

Clarity:

		Slightly Hazy		Opaque
Brilliant				
O	O	O	O	O
	Clear		Hazy	

Notes about appearance:

_____

_____

_____

_____

Hops Aroma

Intensity: Balance:

Faint   Sweet

O   O   O   O   O   O   O   O

            Strong   Sharp

Malt Aroma

Intensity: Balance:

Faint   Sweet

O   O   O   O   O   O   O   O

            Strong   Sharp

Hops Flavor

Intensity:
Faint

○   ○   ○   ○

Strong

Balance:
Sweet

○   ○   ○   ○

Sharp

Malt Flavor

Intensity:
Faint

○   ○   ○   ○

Strong

Balance:
Sweet

○   ○   ○   ○

Sharp

Mouthfeel/Body

Body:
Light

○   ○   ○   ○

Full

Mouthfeel:
Dry

○   ○   ○   ○

Juicy

Alcohol:
None   Harsh

○   ○   ○   ○

Hot

Carbonated:
Still

○   ○   ○   ○

Over carb.

Notes about flavor:

_____
_____
_____
_____
_____

Overall impression:

Bad

○   ○   ○   ○   ○   ○

Perfect

Beer name:

Beer Style:

Brewer

Date brewed:

Color:

Straw 〉 Pale 〉 Gold 〉 Amber 〉 Copper 〉 Light Brown 〉 Red/Brown 〉 Dark Brown 〉 Black

Clarity:

Brilliant　　　　　Slightly Hazy　　　　　Opaque

○　　　○　　　○　　　○　　　○

Clear　　　　　　　Hazy

Notes about appearance:

_____
_____
_____
_____

Hops Aroma

Intensity:
Faint

○　　○　　○　　○

Strong

Balance:
Sweet

○　　○　　○　　○

Sharp

Malt Aroma

Intensity:
Faint

○　　○　　○　　○

Strong

Balance:
Sweet

○　　○　　○　　○

Sharp

Hops Flavor

Intensity:
Faint

O   O   O   O

                          Strong

Balance:
Sweet

O   O   O   O

                          Sharp

Malt Flavor

Intensity:
Faint

O   O   O   O

                          Strong

Balance:
Sweet

O   O   O   O

                          Sharp

Mouthfeel/Body

Body:
Light

O   O   O   O

                          Full

Mouthfeel:
Dry

O   O   O   O

                          Juicy

Alcohol:
None   Harsh

O   O   O   O

                          Hot

Carbonated:
Still

O   O   O   O

                          Over carb.

Notes about flavor:

_____
_____
_____
_____
_____

Overall impression:

Bad

O   O   O   O   O   O

                          Perfect

| Beer name: |
| Beer Style: |
| Brewer |
| Date brewed: |

Color:

| Straw > Pale > Gold > Amber > Copper > Light Brown > Red/Brown > Dark Brown > Black |

Clarity:

Brilliant   Slightly Hazy   Opaque

○   ○   ○   ○   ○

Clear   Hazy

Notes about appearance:

_____
_____
_____
_____

Hops Aroma

Intensity:
Faint

○   ○   ○   ○

Strong

Balance:
Sweet

○   ○   ○   ○

Sharp

Malt Aroma

Intensity:
Faint

○   ○   ○   ○

Strong

Balance:
Sweet

○   ○   ○   ○

Sharp

Hops Flavor

Intensity:
Faint

O   O   O   O

Strong

Balance:
Sweet

O   O   O   O

Sharp

Malt Flavor

Intensity:
Faint

O   O   O   O

Strong

Balance:
Sweet

O   O   O   O

Sharp

Mouthfeel/Body

Body:
Light

O   O   O   O

Full

Mouthfeel:
Dry

O   O   O   O

Juicy

Alcohol:
None   Harsh

O   O   O   O

Hot

Carbonated:
Still

O   O   O   O

Over carb.

Notes about flavor:

_____

_____

_____

_____

_____

Overall impression:

Bad

O   O   O   O   O   O

Perfect

Beer name:

Beer Style:

Brewer

Date brewed:

Color:

Straw > Pale > Gold > Amber > Copper > Light Brown > Red/Brown > Dark Brown > Black

Clarity:

Brilliant   Slightly Hazy   Opaque

○   ○   ○   ○   ○

Clear   Hazy

Notes about appearance:

_____

_____

_____

_____

Hops Aroma

Intensity:
Faint

○   ○   ○   ○

Strong

Balance:
Sweet

○   ○   ○   ○

Sharp

Malt Aroma

Intensity:
Faint

○   ○   ○   ○

Strong

Balance:
Sweet

○   ○   ○   ○

Sharp

Hops Flavor

Intensity:
Faint

○   ○   ○   ○

                   Strong

Balance:
Sweet

○   ○   ○   ○

                   Sharp

Malt Flavor

Intensity:
Faint

○   ○   ○   ○

                   Strong

Balance:
Sweet

○   ○   ○   ○

                   Sharp

Mouthfeel/Body

Body:
Light

○   ○   ○   ○

                   Full

Mouthfeel:
Dry

○   ○   ○   ○

                   Juicy

Alcohol:
None   Harsh

○   ○   ○   ○

                   Hot

Carbonated:
Still

○   ○   ○   ○

                   Over carb.

Notes about flavor:

_____
_____
_____
_____
_____

Overall impression:

Bad

○   ○   ○   ○   ○   ○

                         Perfect

Beer name:

Beer Style:

Brewer

Date brewed:

Color:

Straw > Pale > Gold > Amber > Copper > Light Brown > Red/Br own > Dark Brown > Black

Clarity:

Brilliant   Slightly Hazy   Opaque

O   O   O   O   O

Clear   Hazy

Notes about appearance:

_____

_____

_____

_____

Hops Aroma

Intensity:
Faint

O   O   O   O

Strong

Balance:
Sweet

O   O   O   O

Sharp

Malt Aroma

Intensity:
Faint

O   O   O   O

Strong

Balance:
Sweet

O   O   O   O

Sharp

Hops Flavor

Intensity:
Faint

○   ○   ○   ○

                    Strong

Balance:
Sweet

○   ○   ○   ○

                    Sharp

Malt Flavor

Intensity:
Faint

○   ○   ○   ○

                    Strong

Balance:
Sweet

○   ○   ○   ○

                    Sharp

Mouthfeel/Body

Body:
Light

○   ○   ○   ○

                    Full

Mouthfeel:
Dry

○   ○   ○   ○

                    Juicy

Alcohol:
None   Harsh

○   ○   ○   ○

                    Hot

Carbonated:
Still

○   ○   ○   ○

                    Over carb.

Notes about flavor:

_____

_____

_____

_____

_____

Overall impression:

Bad

○   ○   ○   ○   ○   ○

                                    Perfect

Beer name:

Beer Style:

Brewer

Date brewed:

Color:

Straw > Pale > Gold > Amber > Copper > Light Brown > Red/Brown > Dark Brown > Black

Clarity:

Brilliant   Slightly Hazy   Opaque

○   ○   ○   ○   ○

Clear   Hazy

Notes about appearance:

_____
_____
_____
_____

Hops Aroma

Intensity:
Faint

○   ○   ○   ○

Strong

Balance:
Sweet

○   ○   ○   ○

Sharp

Malt Aroma

Intensity:
Faint

○   ○   ○   ○

Strong

Balance:
Sweet

○   ○   ○   ○

Sharp

Hops Flavor

Intensity:
Faint

O   O   O   O

                      Strong

Balance:
Sweet

O   O   O   O

                      Sharp

Malt Flavor

Intensity:
Faint

O   O   O   O

                      Strong

Balance:
Sweet

O   O   O   O

                      Sharp

Mouthfeel/Body

Body:
Light

O   O   O   O

                      Full

Mouthfeel:
Dry

O   O   O   O

                      Juicy

Alcohol:
None   Harsh

O   O   O   O

                      Hot

Carbonated:
Still

O   O   O   O

                      Over carb.

Notes about flavor:

_____

_____

_____

_____

_____

Overall impression:

Bad

O   O   O   O   O   O

                      Perfect

Beer name:

Beer Style:

Brewer

Date brewed:

Color:

Straw	Pale	Gold	Amber	Copper	Light Brown	Red/Brown	Dark Brown	Black

Clarity:

Brilliant   Slightly Hazy   Opaque

O   O   O   O   O

Clear   Hazy

Notes about appearance:

_____

_____

_____

_____

Hops Aroma

Intensity:

Faint

O   O   O   O

Strong

Balance:

Sweet

O   O   O   O

Sharp

Malt Aroma

Intensity:

Faint

O   O   O   O

Strong

Balance:

Sweet

O   O   O   O

Sharp

Hops Flavor

Intensity:
Faint

O   O   O   O

Strong

Balance:
Sweet

O   O   O   O

Sharp

Malt Flavor

Intensity:
Faint

O   O   O   O

Strong

Balance:
Sweet

O   O   O   O

Sharp

Mouthfeel/Body

Body:
Light

O   O   O   O

Full

Mouthfeel:
Dry

O   O   O   O

Juicy

Alcohol:
None   Harsh

O   O   O   O

Hot

Carbonated:
Still

O   O   O   O

Over carb.

Notes about flavor:

_____
_____
_____
_____
_____

Overall impression:

Bad

O   O   O   O   O   O

Perfect

Beer name:

Beer Style:

Brewer

Date brewed:

Color:

| Straw | Pale | Gold | Amber | Copper | Light Brown | Red/Br own | Dark Brown | Black |

Clarity:

Brilliant — Clear — Slightly Hazy — Hazy — Opaque

○ ○ ○ ○ ○

Notes about appearance:

_____
_____
_____
_____

Hops Aroma

Intensity:
Faint

○ ○ ○ ○
Strong

Balance:
Sweet

○ ○ ○ ○
Sharp

Malt Aroma

Intensity:
Faint

○ ○ ○ ○
Strong

Balance:
Sweet

○ ○ ○ ○
Sharp

Hops Flavor

Intensity:
Faint

○   ○   ○   ○

              Strong

Balance:
Sweet

○   ○   ○   ○

              Sharp

Malt Flavor

Intensity:
Faint

○   ○   ○   ○

              Strong

Balance:
Sweet

○   ○   ○   ○

              Sharp

Mouthfeel/Body

Body:
Light

○   ○   ○   ○

              Full

Mouthfeel:
Dry

○   ○   ○   ○

              Juicy

Alcohol:
None   Harsh

○   ○   ○   ○

              Hot

Carbonated:
Still

○   ○   ○   ○

              Over carb.

Notes about flavor:

_____

_____

_____

_____

_____

Overall impression:

Bad

○   ○   ○   ○   ○   ○

                  Perfect

Beer name:

Beer Style:

Brewer

Date brewed:

Color:

| Straw > Pale > Gold > Amber > Copper > Light Brown > Red/Brown > Dark Brown > Black |

Clarity:

Brilliant   Slightly Hazy   Opaque

○   ○   ○   ○   ○

Clear   Hazy

Notes about appearance:

_____

_____

_____

_____

Hops Aroma

Intensity:
Faint

○   ○   ○   ○

Strong

Balance:
Sweet

○   ○   ○   ○

Sharp

Malt Aroma

Intensity:
Faint

○   ○   ○   ○

Strong

Balance:
Sweet

○   ○   ○   ○

Sharp

Hops Flavor

Intensity:
Faint

○   ○   ○   ○

                       Strong

Balance:
Sweet

○   ○   ○   ○

                       Sharp

Malt Flavor

Intensity:
Faint

○   ○   ○   ○

                       Strong

Balance:
Sweet

○   ○   ○   ○

                       Sharp

Mouthfeel/Body

Body:
Light

○   ○   ○   ○

                       Full

Mouthfeel:
Dry

○   ○   ○   ○

                       Juicy

Alcohol:
None   Harsh

○   ○   ○   ○

                       Hot

Carbonated:
Still

○   ○   ○   ○

                       Over carb.

Notes about flavor:

_____

_____

_____

_____

_____

_____

Overall impression:

Bad

○   ○   ○   ○   ○   ○

                               Perfect

Beer name:

Beer Style:

Brewer

Date brewed:

Color:

| Straw | Pale | Gold | Amber | Copper | Light Brown | Red/Brown | Dark Brown | Black |

Clarity:

Brilliant   Slightly Hazy   Opaque

O   O   O   O   O

        Clear   Hazy

Notes about appearance:

_____

_____

_____

_____

Hops Aroma

Intensity:
Faint

O   O   O   O

                        Strong

Balance:
Sweet

O   O   O   O

                        Sharp

Malt Aroma

Intensity:
Faint

O   O   O   O

                        Strong

Balance:
Sweet

O   O   O   O

                        Sharp

Hops Flavor

Intensity:
Faint

○   ○   ○   ○

Strong

Balance:
Sweet

○   ○   ○   ○

Sharp

Malt Flavor

Intensity:
Faint

○   ○   ○   ○

Strong

Balance:
Sweet

○   ○   ○   ○

Sharp

Mouthfeel/Body

Body:
Light

○   ○   ○   ○

Full

Mouthfeel:
Dry

○   ○   ○   ○

Juicy

Alcohol:
None   Harsh

○   ○   ○   ○

Hot

Carbonated:
Still

○   ○   ○   ○

Over carb.

Notes about flavor:

_____

_____

_____

_____

_____

Overall impression:

Bad

○   ○   ○   ○   ○   ○

Perfect

Beer name:

Beer Style:

Brewer

Date brewed:

Color:

| Straw | Pale | Gold | Amber | Copper | Light Brown | Red/Br own | Dark Brown | Black |

Clarity:

Brilliant   Slightly Hazy   Opaque

O   O   O   O   O

Clear   Hazy

Notes about appearance:

_____

_____

_____

_____

Hops Aroma

Intensity:
Faint

O   O   O   O

Strong

Balance:
Sweet

O   O   O   O

Sharp

Malt Aroma

Intensity:
Faint

O   O   O   O

Strong

Balance:
Sweet

O   O   O   O

Sharp

Hops Flavor

Intensity:
Faint

○   ○   ○   ○

Strong

Balance:
Sweet

○   ○   ○   ○

Sharp

Malt Flavor

Intensity:
Faint

○   ○   ○   ○

Strong

Balance:
Sweet

○   ○   ○   ○

Sharp

Mouthfeel/Body

Body:
Light

○   ○   ○   ○

Full

Mouthfeel:
Dry

○   ○   ○   ○

Juicy

Alcohol:
None   Harsh

○   ○   ○   ○

Hot

Carbonated:
Still

○   ○   ○   ○

Over
carb.

Notes about flavor:

_____

_____

_____

_____

_____

Overall impression:

Bad

○   ○   ○   ○   ○   ○

Perfect

Beer name:

Beer Style:

Brewer

Date brewed:

Color:

| Straw | Pale | Gold | Amber | Copper | Light Brown | Red/Brown | Dark Brown | Black |

Clarity:

Brilliant   Slightly Hazy   Opaque

O   O   O   O   O

Clear   Hazy

Notes about appearance:

_____

_____

_____

_____

Hops Aroma

Intensity:

Faint

O   O   O   O

Strong

Balance:

Sweet

O   O   O   O

Sharp

Malt Aroma

Intensity:

Faint

O   O   O   O

Strong

Balance:

Sweet

O   O   O   O

Sharp

Hops Flavor

Intensity:
Faint

○   ○   ○   ○

Strong

Balance:
Sweet

○   ○   ○   ○

Sharp

Malt Flavor

Intensity:
Faint

○   ○   ○   ○

Strong

Balance:
Sweet

○   ○   ○   ○

Sharp

Mouthfeel/Body

Body:
Light

○   ○   ○   ○

Full

Mouthfeel:
Dry

○   ○   ○   ○

Juicy

Alcohol:
None   Harsh

○   ○   ○   ○

Hot

Carbonated:
Still

○   ○   ○   ○

Over
carb.

Notes about flavor:

_____

_____

_____

_____

_____

Overall impression:

Bad

○   ○   ○   ○   ○   ○

Perfect

Beer name:

Beer Style:

Brewer

Date brewed:

Color:

| Straw | Pale | Gold | Amber | Copper | Light Brown | Red/Brown | Dark Brown | Black |

Clarity:

Brilliant | Slightly Hazy | Opaque

Clear | Hazy

Notes about appearance:

_____
_____
_____
_____

Hops Aroma

Intensity:

Faint

Strong

Balance:

Sweet

Sharp

Malt Aroma

Intensity:

Faint

Strong

Balance:

Sweet

Sharp

Hops Flavor

Intensity:
Faint

O   O   O   O

Strong

Balance:
Sweet

O   O   O   O

Sharp

Malt Flavor

Intensity:
Faint

O   O   O   O

Strong

Balance:
Sweet

O   O   O   O

Sharp

Mouthfeel/Body

Body:
Light

O   O   O   O

Full

Mouthfeel:
Dry

O   O   O   O

Juicy

Alcohol:
None   Harsh

O   O   O   O

Hot

Carbonated:
Still

O   O   O   O

Over carb.

Notes about flavor:

_____

_____

_____

_____

_____

Overall impression:

Bad

O   O   O   O   O   O

Perfect

Beer name:

Beer Style:

Brewer

Date brewed:

Color:

| Straw | Pale | Gold | Amber | Copper | Light Brown | Red/Brown | Dark Brown | Black |

Clarity:

Brilliant | Slightly Hazy | Opaque

○ ○ ○ ○ ○

Clear | Hazy

Notes about appearance:

_____

_____

_____

_____

Hops Aroma

Intensity:
Faint

○ ○ ○ ○

Strong

Balance:
Sweet

○ ○ ○ ○

Sharp

Malt Aroma

Intensity:
Faint

○ ○ ○ ○

Strong

Balance:
Sweet

○ ○ ○ ○

Sharp

Hops Flavor

Intensity:

Faint

O   O   O   O

Strong

Balance:

Sweet

O   O   O   O

Sharp

Malt Flavor

Intensity:

Faint

O   O   O   O

Strong

Balance:

Sweet

O   O   O   O

Sharp

Mouthfeel/Body

Body:

Light

O   O   O   O

Full

Mouthfeel:

Dry

O   O   O   O

Juicy

Alcohol:

None   Harsh

O   O   O   O

Hot

Carbonated:

Still

O   O   O   O

Over carb.

Notes about flavor:

_____

_____

_____

_____

_____

Overall impression:

Bad

O   O   O   O   O   O

Perfect

Beer name:

Beer Style:

Brewer

Date brewed:

Color:

| Straw | Pale | Gold | Amber | Copper | Light Brown | Red/Brown | Dark Brown | Black |

Clarity:

Brilliant   Slightly Hazy   Opaque

○   ○   ○   ○   ○

Clear   Hazy

Notes about appearance:

_____

_____

_____

_____

Hops Aroma

Intensity:

Faint

○   ○   ○   ○

Strong

Balance:

Sweet

○   ○   ○   ○

Sharp

Malt Aroma

Intensity:

Faint

○   ○   ○   ○

Strong

Balance:

Sweet

○   ○   ○   ○

Sharp

Hops Flavor

Intensity:
Faint

○　　　○　　　○　　　○

Strong

Balance:
Sweet

○　　　○　　　○　　　○

Sharp

Malt Flavor

Intensity:
Faint

○　　　○　　　○　　　○

Strong

Balance:
Sweet

○　　　○　　　○　　　○

Sharp

Mouthfeel/Body

Body:
Light

○　　　○　　　○　　　○

Full

Mouthfeel:
Dry

○　　　○　　　○　　　○

Juicy

Alcohol:
None　　　　　Harsh

○　　　○　　　○　　　○

Hot

Carbonated:
Still

○　　　○　　　○　　　○

Over carb.

Notes about flavor:

_____
_____
_____
_____
_____

Overall impression:

Bad

○　　　○　　　○　　　○　　　○　　　○

Perfect

Beer name:

Beer Style:

Brewer

Date brewed:

Color:

| Straw | Pale | Gold | Amber | Copper | Light Brown | Red/Brown | Dark Brown | Black |

Clarity:

Brilliant   Slightly Hazy   Opaque

Clear   Hazy

Notes about appearance:

_____

_____

_____

_____

Hops Aroma

Intensity:
Faint

Strong

Balance:
Sweet

Sharp

Malt Aroma

Intensity:
Faint

Strong

Balance:
Sweet

Sharp

Hops Flavor

Intensity:
Faint

○   ○   ○   ○

                       Strong

Balance:
Sweet

○   ○   ○   ○

                       Sharp

Malt Flavor

Intensity:
Faint

○   ○   ○   ○

                       Strong

Balance:
Sweet

○   ○   ○   ○

                       Sharp

Mouthfeel/Body

Body:
Light

○   ○   ○   ○

                       Full

Mouthfeel:
Dry

○   ○   ○   ○

                       Juicy

Alcohol:
None   Harsh

○   ○   ○   ○

                       Hot

Carbonated:
Still

○   ○   ○   ○

                       Over carb.

Notes about flavor:

_____

_____

_____

_____

_____

Overall impression:

Bad

○   ○   ○   ○   ○   ○

                              Perfect

Beer name:

Beer Style:

Brewer

Date brewed:

Color:

| Straw | Pale | Gold | Amber | Copper | Light Brown | Red/Brown | Dark Brown | Black |

Clarity:

Brilliant		Slightly Hazy		Opaque
○	○	○	○	○
	Clear		Hazy	

Notes about appearance:

_____

_____

_____

_____

Hops Aroma

Intensity:

Faint

○	○	○	○
			Strong

Balance:

Sweet

○	○	○	○
			Sharp

Malt Aroma

Intensity:

Faint

○	○	○	○
			Strong

Balance:

Sweet

○	○	○	○
			Sharp

Hops Flavor

Intensity:
Faint

○   ○   ○   ○

Strong

Balance:
Sweet

○   ○   ○   ○

Sharp

Malt Flavor

Intensity:
Faint

○   ○   ○   ○

Strong

Balance:
Sweet

○   ○   ○   ○

Sharp

Mouthfeel/Body

Body:
Light

○   ○   ○   ○

Full

Mouthfeel:
Dry

○   ○   ○   ○

Juicy

Alcohol:
None   Harsh

○   ○   ○   ○

Hot

Carbonated:
Still

○   ○   ○   ○

Over carb.

Notes about flavor:

_____

_____

_____

_____

_____

Overall impression:

Bad

○   ○   ○   ○   ○   ○

Perfect

Beer name:

Beer Style:

Brewer

Date brewed:

Color:

Straw > Pale > Gold > Amber > Copper > Light Brown > Red/Br own > Dark Brown > Black

Clarity:

Brilliant   Slightly Hazy   Opaque

O   O   O   O   O

Clear   Hazy

Notes about appearance:

_____

_____

_____

_____

Hops Aroma

Intensity:
Faint

O   O   O   O

Strong

Balance:
Sweet

O   O   O   O

Sharp

Malt Aroma

Intensity:
Faint

O   O   O   O

Strong

Balance:
Sweet

O   O   O   O

Sharp

Hops Flavor

Intensity:
Faint

○   ○   ○   ○

                  Strong

Balance:
Sweet

○   ○   ○   ○

                  Sharp

Malt Flavor

Intensity:
Faint

○   ○   ○   ○

                  Strong

Balance:
Sweet

○   ○   ○   ○

                  Sharp

Mouthfeel/Body

Body:
Light

○   ○   ○   ○

                  Full

Mouthfeel:
Dry

○   ○   ○   ○

                  Juicy

Alcohol:
None   Harsh

○   ○   ○   ○

                  Hot

Carbonated:
Still

○   ○   ○   ○

                  Over carb.

Notes about flavor:

_____

_____

_____

_____

_____

Overall impression:

Bad

○   ○   ○   ○   ○   ○

                          Perfect

Beer name:

Beer Style:

Brewer

Date brewed:

Color:

| Straw | Pale | Gold | Amber | Copper | Light Brown | Red/Brown | Dark Brown | Black |

Clarity:

Brilliant   Slightly Hazy   Opaque

O   O   O   O   O

Clear   Hazy

Notes about appearance:

_____
_____
_____
_____

Hops Aroma

Intensity:
Faint

O   O   O   O

Strong

Balance:
Sweet

O   O   O   O

Sharp

Malt Aroma

Intensity:
Faint

O   O   O   O

Strong

Balance:
Sweet

O   O   O   O

Sharp

Hops Flavor

Intensity:
Faint

○   ○   ○   ○

                         Strong

Balance:
Sweet

○   ○   ○   ○

                         Sharp

Malt Flavor

Intensity:
Faint

○   ○   ○   ○

                         Strong

Balance:
Sweet

○   ○   ○   ○

                         Sharp

Mouthfeel/Body

Body:
Light

○   ○   ○   ○

                         Full

Mouthfeel:
Dry

○   ○   ○   ○

                         Juicy

Alcohol:
None   Harsh

○   ○   ○   ○

                         Hot

Carbonated:
Still

○   ○   ○   ○

                         Over
carb.

Notes about flavor:

_____
_____
_____
_____
_____

Overall impression:

Bad

○   ○   ○   ○   ○   ○

                                            Perfect

Beer name:

Beer Style:

Brewer

Date brewed:

Color:

| Straw | Pale | Gold | Amber | Copper | Light Brown | Red/Brown | Dark Brown | Black |

Clarity:

Brilliant   Slightly Hazy   Opaque

○   ○   ○   ○   ○

Clear   Hazy

Notes about appearance:

_____

_____

_____

_____

Hops Aroma

Intensity:
Faint

○   ○   ○   ○

Strong

Balance:
Sweet

○   ○   ○   ○

Sharp

Malt Aroma

Intensity:
Faint

○   ○   ○   ○

Strong

Balance:
Sweet

○   ○   ○   ○

Sharp

Hops Flavor

Intensity:
Faint

  O   O   O   O

                  Strong

Balance:
Sweet

  O   O   O   O

                  Sharp

Malt Flavor

Intensity:
Faint

  O   O   O   O

                  Strong

Balance:
Sweet

  O   O   O   O

                  Sharp

Mouthfeel/Body

Body:
Light

  O   O   O   O

                  Full

Mouthfeel:
Dry

  O   O   O   O

                  Juicy

Alcohol:
None   Harsh

  O   O   O   O

                  Hot

Carbonated:
Still

  O   O   O   O

                  Over
                  carb.

Notes about flavor:

_____

_____

_____

_____

_____

Overall impression:

Bad

O   O   O   O   O   O

                          Perfect

Beer name:

Beer Style:

Brewer

Date brewed:

Color:

| Straw | Pale | Gold | Amber | Copper | Light Brown | Red/Brown | Dark Brown | Black |

Clarity:

Brilliant | Slightly Hazy | | Opaque

○   ○   ○   ○   ○

Clear   Hazy

Notes about appearance:

_____
_____
_____
_____

Hops Aroma

Intensity:
Faint

○   ○   ○   ○

Strong

Balance:
Sweet

○   ○   ○   ○

Sharp

Malt Aroma

Intensity:
Faint

○   ○   ○   ○

Strong

Balance:
Sweet

○   ○   ○   ○

Sharp

Hops Flavor

Intensity:
Faint

○   ○   ○   ○

                Strong

Balance:
Sweet

○   ○   ○   ○

                Sharp

Malt Flavor

Intensity:
Faint

○   ○   ○   ○

                Strong

Balance:
Sweet

○   ○   ○   ○

                Sharp

Mouthfeel/Body

Body:
Light

○   ○   ○   ○

                Full

Mouthfeel:
Dry

○   ○   ○   ○

                Juicy

Alcohol:
None   Harsh

○   ○   ○   ○

                Hot

Carbonated:
Still

○   ○   ○   ○

                Over
                carb.

Notes about flavor:

_____

_____

_____

_____

_____

Overall impression:

Bad

○   ○   ○   ○   ○   ○

                      Perfect

Beer name:

Beer Style:

Brewer

Date brewed:

Color:

| Straw | Pale | Gold | Amber | Copper | Light Brown | Red/Brown | Dark Brown | Black |

Clarity:

Brilliant   Slightly Hazy   Opaque

○   ○   ○   ○   ○

Clear   Hazy

Notes about appearance:

_____
_____
_____
_____

Hops Aroma

Intensity:
Faint

○   ○   ○   ○

Strong

Balance:
Sweet

○   ○   ○   ○

Sharp

Malt Aroma

Intensity:
Faint

○   ○   ○   ○

Strong

Balance:
Sweet

○   ○   ○   ○

Sharp

Hops Flavor

Intensity:
Faint

○   ○   ○   ○

                    Strong

Balance:
Sweet

○   ○   ○   ○

                    Sharp

Malt Flavor

Intensity:
Faint

○   ○   ○   ○

                    Strong

Balance:
Sweet

○   ○   ○   ○

                    Sharp

Mouthfeel/Body

Body:
Light

○   ○   ○   ○

                    Full

Mouthfeel:
Dry

○   ○   ○   ○

                    Juicy

Alcohol:
None   Harsh

○   ○   ○   ○

                    Hot

Carbonated:
Still

○   ○   ○   ○

                    Over carb.

Notes about flavor:

_____

_____

_____

_____

_____

Overall impression:

Bad

○   ○   ○   ○   ○   ○

                        Perfect

Beer name:

Beer Style:

Brewer

Date brewed:

Color:

| Straw | Pale | Gold | Amber | Copper | Light Brown | Red/Brown | Dark Brown | Black |

Clarity:

Brilliant

Slightly Hazy

Opaque

○　　　○　　　○　　　○　　　○

Clear

Hazy

Notes about appearance:

_____
_____
_____
_____

Hops Aroma

Intensity:
Faint

○　　　○　　　○　　　○

Strong

Balance:
Sweet

○　　　○　　　○　　　○

Sharp

Malt Aroma

Intensity:
Faint

○　　　○　　　○　　　○

Strong

Balance:
Sweet

○　　　○　　　○　　　○

Sharp

Hops Flavor

Intensity:
Faint

O   O   O   O

               Strong

Balance:
Sweet

O   O   O   O

               Sharp

Malt Flavor

Intensity:
Faint

O   O   O   O

               Strong

Balance:
Sweet

O   O   O   O

               Sharp

Mouthfeel/Body

Body:
Light

O   O   O   O

               Full

Mouthfeel:
Dry

O   O   O   O

               Juicy

Alcohol:
None   Harsh

O   O   O   O

               Hot

Carbonated:
Still

O   O   O   O

               Over
carb.

Notes about flavor:

_____

_____

_____

_____

_____

Overall impression:

Bad

O   O   O   O   O   O

               Perfect

Beer name:

Beer Style:

Brewer

Date brewed:

Color:

| Straw | Pale | Gold | Amber | Copper | Light Brown | Red/Brown | Dark Brown | Black |

Clarity:

Brilliant   Slightly Hazy   Opaque

○   ○   ○   ○   ○

Clear   Hazy

Notes about appearance:

_____

_____

_____

_____

Hops Aroma

Intensity:

Faint

○   ○   ○   ○

Strong

Balance:

Sweet

○   ○   ○   ○

Sharp

Malt Aroma

Intensity:

Faint

○   ○   ○   ○

Strong

Balance:

Sweet

○   ○   ○   ○

Sharp

Hops Flavor

Intensity:
Faint

○   ○   ○   ○

Strong

Balance:
Sweet

○   ○   ○   ○

Sharp

Malt Flavor

Intensity:
Faint

○   ○   ○   ○

Strong

Balance:
Sweet

○   ○   ○   ○

Sharp

Mouthfeel/Body

Body:
Light

○   ○   ○   ○

Full

Mouthfeel:
Dry

○   ○   ○   ○

Juicy

Alcohol:
None   Harsh

○   ○   ○   ○

Hot

Carbonated:
Still

○   ○   ○   ○

Over
carb.

Notes about flavor:

_____
_____
_____
_____
_____

Overall impression:

Bad

○   ○   ○   ○   ○   ○

Perfect

Beer name:

Beer Style:

Brewer

Date brewed:

Color:

| Straw | Pale | Gold | Amber | Copper | Light Brown | Red/Brown | Dark Brown | Black |

Clarity:

Brilliant   Slightly Hazy   Opaque

○   ○   ○   ○   ○

Clear   Hazy

Notes about appearance:

_____

_____

_____

_____

Hops Aroma

Intensity:
Faint

○   ○   ○   ○

Strong

Balance:
Sweet

○   ○   ○   ○

Sharp

Malt Aroma

Intensity:
Faint

○   ○   ○   ○

Strong

Balance:
Sweet

○   ○   ○   ○

Sharp

Hops Flavor

Intensity:
Faint

○   ○   ○   ○

Strong

Balance:
Sweet

○   ○   ○   ○

Sharp

Malt Flavor

Intensity:
Faint

○   ○   ○   ○

Strong

Balance:
Sweet

○   ○   ○   ○

Sharp

Mouthfeel/Body

Body:
Light

○   ○   ○   ○

Full

Mouthfeel:
Dry

○   ○   ○   ○

Juicy

Alcohol:
None   Harsh

○   ○   ○   ○

Hot

Carbonated:
Still

○   ○   ○   ○

Over carb.

Notes about flavor:

_____
_____
_____
_____
_____

Overall impression:

Bad

○   ○   ○   ○   ○   ○

Perfect

Beer name:

Beer Style:

Brewer

Date brewed:

Color:

| Straw | Pale | Gold | Amber | Copper | Light Brown | Red/Brown | Dark Brown | Black |

Clarity:

Brilliant   Slightly Hazy   Opaque

○   ○   ○   ○   ○

Clear   Hazy

Notes about appearance:

_____

_____

_____

_____

Hops Aroma

Intensity:
Faint

○   ○   ○   ○

Strong

Balance:
Sweet

○   ○   ○   ○

Sharp

Malt Aroma

Intensity:
Faint

○   ○   ○   ○

Strong

Balance:
Sweet

○   ○   ○   ○

Sharp

Hops Flavor

Intensity:
Faint

O   O   O   O
                                Strong

Balance:
Sweet

O   O   O   O
                                Sharp

Malt Flavor

Intensity:
Faint

O   O   O   O
                                Strong

Balance:
Sweet

O   O   O   O
                                Sharp

Mouthfeel/Body

Body:
Light

O   O   O   O
                                Full

Mouthfeel:
Dry

O   O   O   O
                                Juicy

Alcohol:
None   Harsh

O   O   O   O
                                Hot

Carbonated:
Still

O   O   O   O
                                Over carb.

Notes about flavor:

_____
_____
_____
_____
_____

Overall impression:

Bad

O   O   O   O   O   O
                                                Perfect

CPSIA information can be obtained
at www.ICGtesting.com
Printed in the USA
BVHW091302150221
600147BV00014B/1588

9 781716 122071